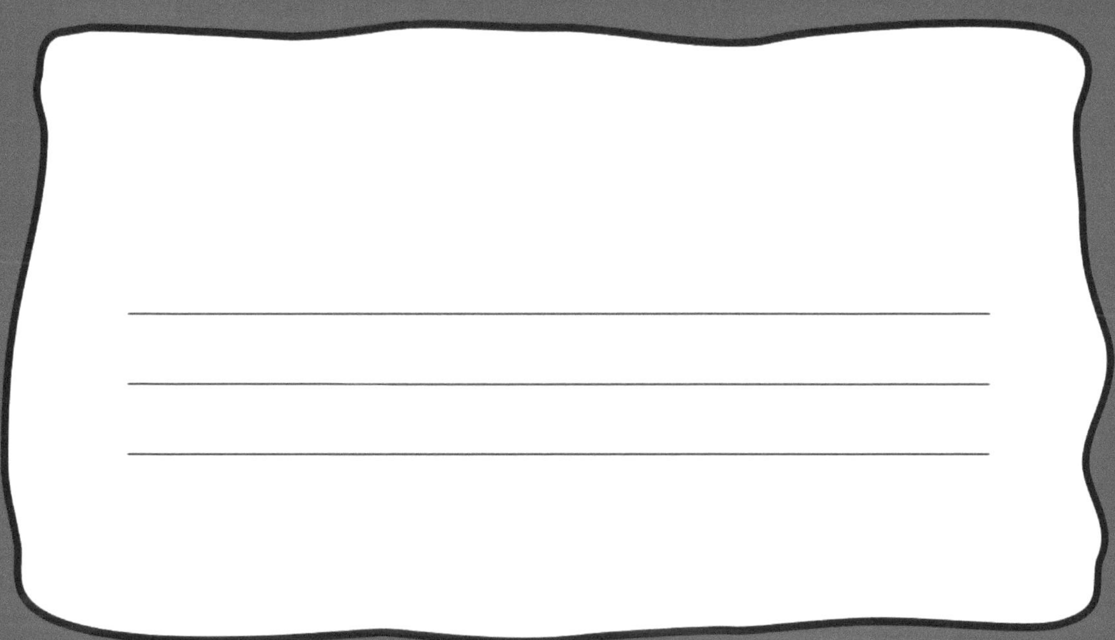

AF478810

Olam Katan

PRESS

הֲפָכִים

Opposites

גָּדוֹל
gadol

קָטָן

katan

גָּבֹהַ
gavoa(h)
נָמוּךְ
namuch

חָדָשׁ
chadash
יָשָׁן
yashan

sameach שָׂמֵחַ

atzuv עָצוּב

מָהִיר
mahir

אִטִּי
itti

chazak חָזָק

חַלָּשׁ

chalash

kaved כָּבֵד

קַל

kal

מָלֵא

maleh

רֵיק

rek

סָגוּר

sagur

פָּתוּחַ

patuach

חַם

cham

קַר

kar

רָחוֹק rachok
קָרוֹב 
karov

מֵעַל me'al
מִתַּחַת mitachat

yamin
יָמִין
שְׂמֹאל smol

צֵר
tzar

רָחָב
rachav

לִפְנֵי
lifnei

מֵאֲחוֹרֵי

me'achorei

בִּפְנִים

bifnim

בַּחוּץ

bachutz

מוּעָט

mu'at

הַרְבֵּה

harbe

יוֹם

yom

לַיְלָה

layla

מְכֹעָר

mechoar

יָפֶה

yaffe

נָקִי
naki

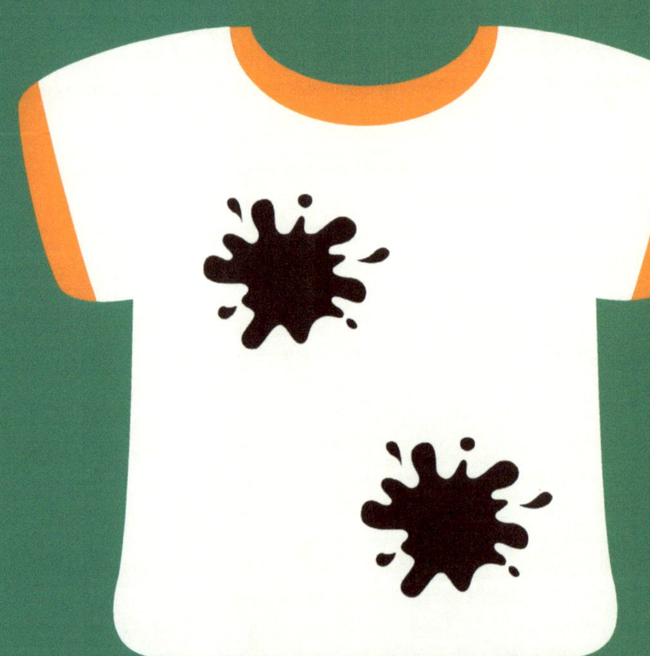

מְלֻכְלָךְ
meluchlach

רָזֶה

raze

שָׁמֵן

shamen

אָרֹךְ
aroch

קָצָר
katzar

חָמוּץ
chamutz

מָתוֹק
matok

צָעִיר
tza'ir

זָקֵן

zaken

רָטוּב
ratuv

יָבֵשׁ

yavesh

If you enjoy this book,
please do support us
by leaving an honest
review on Amazon.
Thank you!